كتاب التّهجئة

المستوى المبتدئ

تأليف: سهير فخري طمليه

تصميم ومونتاج وإخراج:

منال يوسف

2022

الطبعة الأولى

ملاحظات هامّة تخصّ القراءة الّتي يتضمّنها تحدي القراءة :

* الهدف من تحدي القراءة هو **زيادة القاموس اللّغويّ** للأطفال وزيادة قدرتهم على التّعبير والقراءة دون الاعتماد على الصّور المساعدة، وبذلك **نتجنّب تدريجيًّا التّلقين والحفظ**، ويعتمد الطّالب على **التّهجئة** الّتي ستكون له **عونًا** في زيادة **حبّه للقراءة** ، **وزيادة قدرته على الكتابة** الإملائيّة بدون أخطاء .

* لن يُطلب من الطّالب قراءة أيّ كلمة لم يجرّد كل حروفها من قبل، وفقًا لتسلسل الحروف في كتاب التدريبات الخاص بنا .

* لن يُطلب من الطّالب قراءة أيّ كلمة عليها حركات لم يتعلّمها بعد .

* وبالتّالي لن نعتمد على ما تعلّمة في مرحلة الرّوضة إلّا بنسبة مئويّة بسيطة جدا لاتتجاوز ال 10 %. بمعنى آخر سوف نعيد البناء والتّأسيس ليصبح الأساس متينًا، ويساعده على الانطلاق بسهولة، والاستمتاع في تعلّم اللّغة العربيّة .

* لذلك نطلب من المعلمات التّركيز أثناء القراءة على قراءة الكلمات مع الحركات، إن وجدت، حيث تمّ إلغاء بعض الحركات مثل: التّنوين بأنواعه في نهاية بعض الكلمات إلى أن تتم دراسة التّنوين مع الطّالب، ويمكن قراءتها داخل الجملة كما جاءت بضمّة مفردة في الكلمة المفردة أو السّكون.

* في تحدّي القراءة الذي يبدأ بعد حرف (الميم) يكون الطّالب قد تعلّم (**جرد**) الحروف الآتية: حروف المدّ الطّويل الثّلاثة (**الألف، والواو، والياء**)، والحروف (**الباء، والسّين، والميم**) ، **والحركات السّكون والفتحة** . * في الدّروس اللّاحقة نتدرّج بما يتناسب مع ما تعلّمه الطّالب من حروف وحركات، ونساعده بشكل مستمرّ من خلال القراءة على **التّمييز بين أصوات الحروف**، وأيضًا صوت **الياء المدّية والياء اللّينة، والواو المدّية والواو اللّينة**، وعلى المعلمة إعادة التّركيز على أن الياء والواو المديّة لا تأتي معها أيّة حركة، والياء والواو اللّينة دائمًا يكون معها حركة أو يأتي بعدها حرف الألف .

* ونتدرّج مع الطّلّاب من قراءة الكلمات إلى قراءة بعض الجمل القصيرة ، إلى أن نصل معهم إلى قراءة فقرات تتكون من مجموعة من الجمل .

* في بعض الدّروس ووفقًا للتدرّج في التّعليم تمّ التّعرض لبعض القواعد طبعا كنمط للقراءة لا أكثر.لذلك تمت إضافة:

الأفعال في أزمنه مختلفة :

المفرد والجمع - تاء التّأنيث (المذكر والمؤنّث)

حتى يتعلّم الطّالب هذه المفاهيم البسيطة والمهمّة أثناء ممارستها في حياته اليوميّة وتحدّثه باللّغة العربيّة، وبطريقة غير مباشرة، ويمكن مع القليل من التّنبيه من المعلّمة أن تلفت انتباهه إلى هذه الأنماط.

* ننصح أن يتدرّب الطّالب على قراءة دروس تحدّي القراءة خلال الأسبوع، ثمّ يتمّ إعطاء كل طالب فرصة للقراءة في بداية الأسبوع التّالي.

الفهرس

التهيئة
المستوى المبتدئ

امممممم...... لا أَقولُ شَيْئًا

عِنْدَما آتي فَوْقَ أَيِّ مِنَ الْحُروفِ نَأْخُذُ نَفَسًا سَريعًا....

الآنَ: اسْمَعوا صَوْتي عِنْدَما أَجْتَمِعُ بِالْحُروفِ وَانْتَبِهوا....

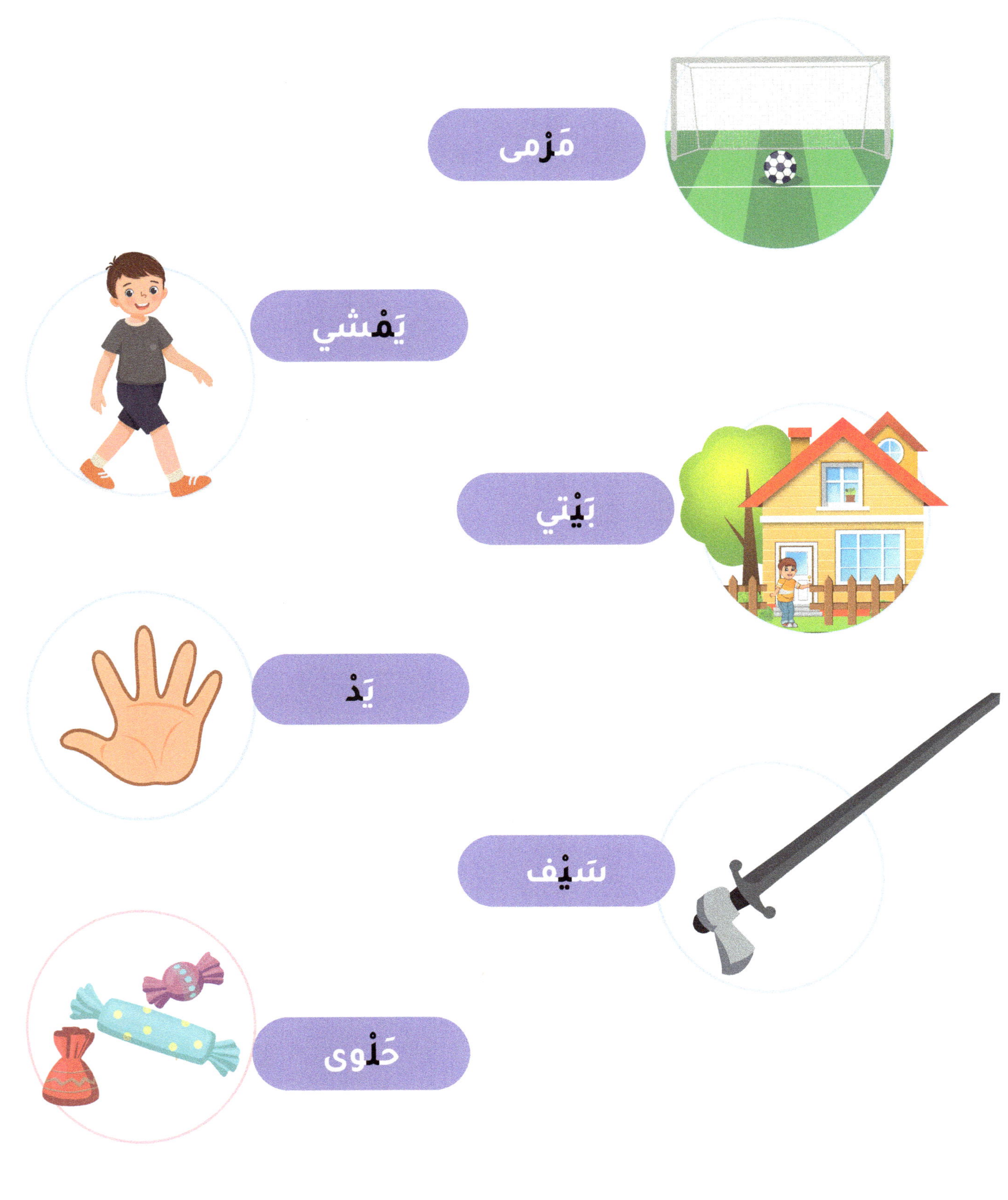

مَرْمى
يَمْشي
بَيْتي
يَدْ
سَيْف
حَلْوى

أَنا الأَلِفُ

أَقولُ

(ااااا)

اسْمَعوا صَوْتي عِنْدَما أَجْتَمِعُ بِالحُروفِ

أمّا أنا فَاسْمي الفَتْحَةُ

أَقولُ (ـَ)

وَصَوْتي يُشْبِهُ صَوْتَ الأَلِفِ (ا) لكِنَّهُ أَقْصَرُ اسْمَعوا صَوْتي مَعَ الحُروفِ:

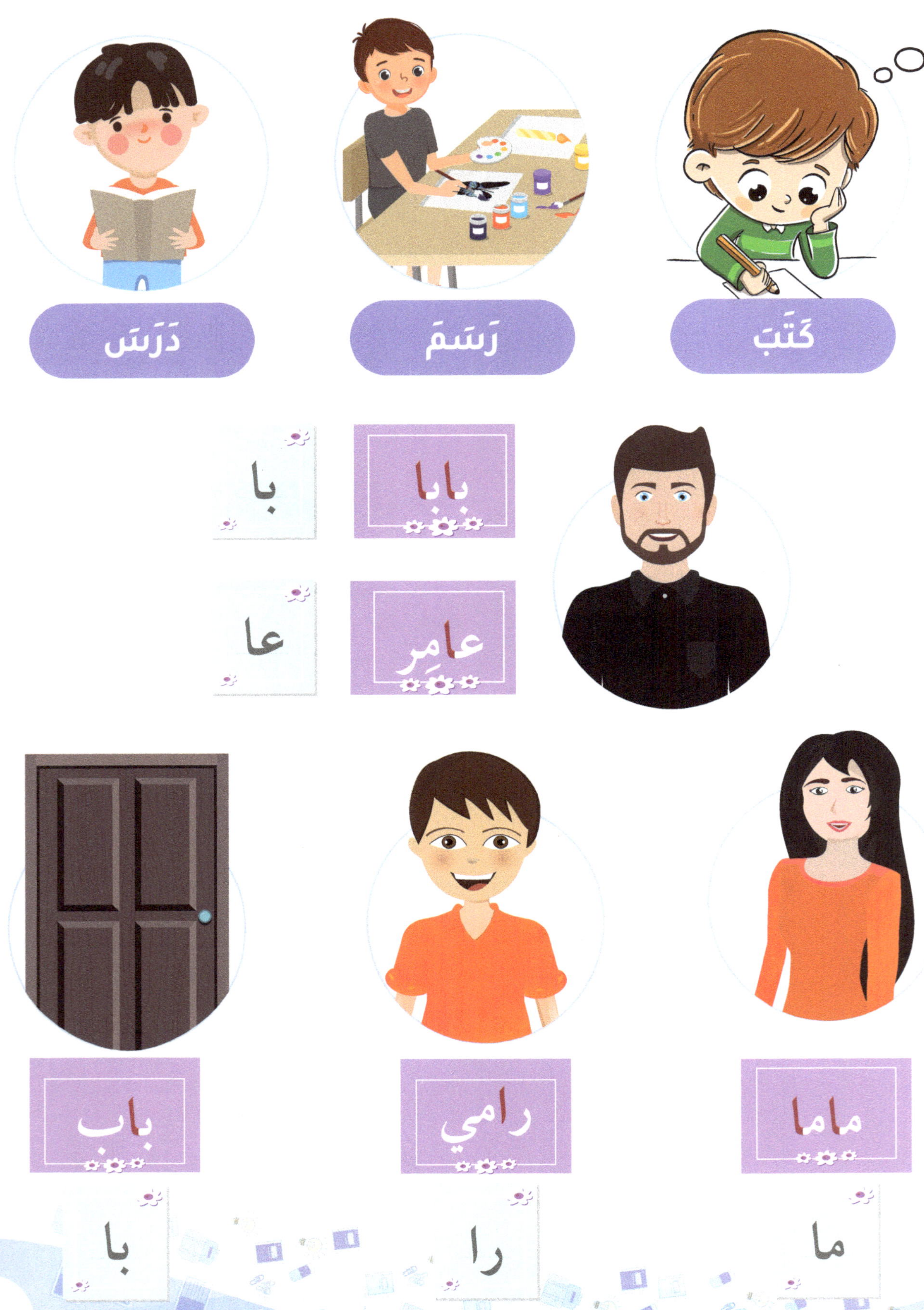
دَرَسَ
رَسَمَ
كَتَبَ
با
بابا
عا
عامر
باب
رامي
ماما
ما
را
با

حُرُوفُ الباءِ وَالميمِ وَالسّينِ
با بو بي ب ج ما مو مي مْ مَ
أَقْرَأُ المَقَاطِعَ الآتِيَةَ، ثُمَّ أَقْرَأُ الكَلِمَاتِ:
با با بابا
با بي بابي
ما ما ماما
مو سى موسى
سا سو سي سَ سْ
سَ بَبْ سَبَبْ
سا وى ساوى
سا مي سامي

أَنا حَرْفُ الْمَدِّ الطَّويلِ الْياءُ،

أَقولُ (يي)

الآنَ، اسْمَعوا صَوْتي عِنْدَما أَجْتَمِعُ بِالْحُروفِ، وَانْتَبِهوا.

أَمَّا أَنا فَحَرْفُ الْمَدِّ الْقَصيرُ

وَاسْمي الْكَسْرَةُ (ـِ) وَصَوْتي يُشْبِهُ صَوْتَ الْياءِ (ي) لِكِنَّهُ أَقْصَرُ بِكَثيرٍ.

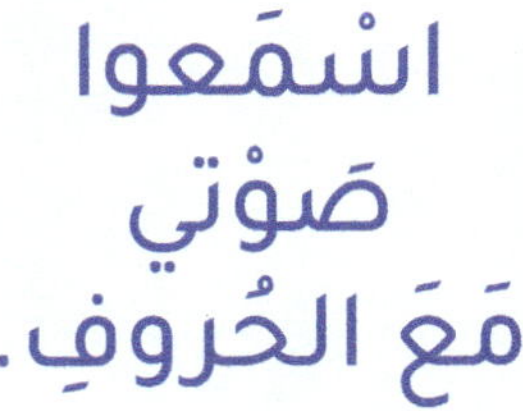

اسْمَعوا صَوْتي مَعَ الْحُروفِ.

  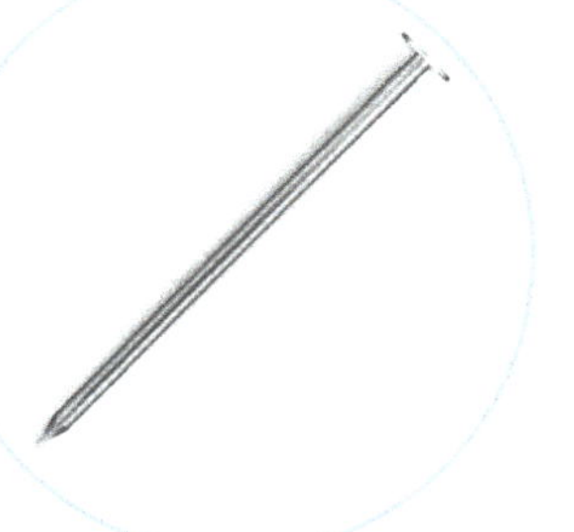 

مِفْتاح	تِمْساح	مِسْمار	عِنَب

أَنا حَرْفُ المَدِّ الطَّويلِ الواوُ،
أَقول (وووووو)

اسْمَعوا صَوْتي عِنْدَما أَجْتَمِعُ بِالحُروفِ، وَانْتَبِهوا.

واسْمي الضَّمَّةُ (ُ) وَصَوْتي يُشْبِهُ صَوْتَ الواو (ووووو) لَكِنَّهُ أَقْصَرُ بِكَثيرٍ. وَأَقولُ: (بُ)

رُ
مُ
سُ
وُ
يُ
بُ

اسْمَعوا صَوْتي مَعَ الحُروفِ.

أَمّا أَنا فَحَرْفُ المَدِّ القَصيرُ

❀ أَذْكُرُ أَسْماءَ الصُّوَرِ، وَأُمَيِّزُ بَيْنَ صَوْتِ الْمَدِّ الطَّويلِ (و)

❀ وَصَوْتِ الْمَدِّ الْقَصيرِ (ــُـ)

بوم
لَيْمون
سور
توت
شُمّام
شُ
فُسْتان
فُ
كُرة
كُ
رُمّان
رُ

سا مِـ رُ مَسْـ رو رُ

سامِرُ

مَسْرورُ

سامِرٌ مَسْرور.

مِسْـ ما رُ مَـ سا مي رُ

مِسْمارُ

مَساميرُ

مِسْمار ومَساميرُ.

رَ مى يَر مي

يَرْمي

رَمى

رَمى سامِرٌ.

يَرْمي سامِرٌ.

راما | ما | را | **ساري** | ري | سا

رباب | بُ | با | رَ

مرام | مُ | را | مَ | مَرْمى | مى | مَرْ

مَ — سَ — رَ → رَسَمَ
يَرْ — سُ — مُ → يَرْسُمُ

سامر يَرْسُمُ.
رَسَمَ سامي.

سا — رَ → سارَ
يَـ — سيـ — رُ → يَسيرُ

سارَ باسِم.
يَسيرُ باسِم.

أَقْرَأُ الْكَلِماتِ الآتِيَةَ، وَأُلاحِظُ الْفَرْقَ في صَوْتِ حَرْفِ الياءِ .

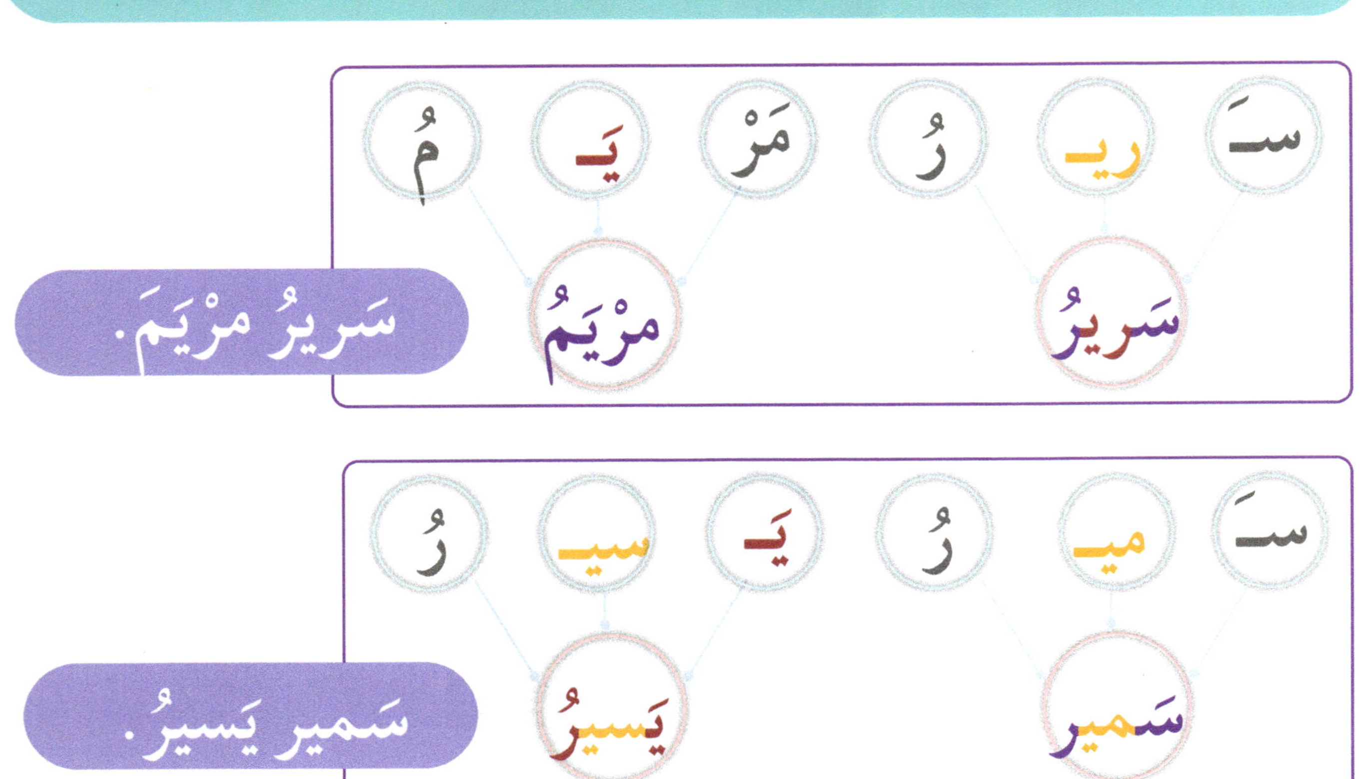
سَ
ري
مَرُ
يَ
مُ
سَريرُ
مَرْيَمُ
سَريرُ مَرْيَمَ .

سَ
مي
رُ
يَ
سي
رُ
سَمير
يَسيرُ
سَمير يَسيرُ .

أَقْرَأُ الْكَلِماتِ الآتِيَةَ، وَأُلاحِظُ الْفَرْقَ في صَوْتِ حَرْفِ الواوِ .

سو
رُ
سِـ
وا
رُ
سورُ
سِوارُ
أَنْتَبِه...
سورُ سِوارَ .

تَحَدّي الْقِراءَةِ

لِنَقْرَأِ الْكَلِماتِ ثُمَّ الْجُمَلَ الآتِيَةَ، ونُكافِئْ أَنْفُسَنا بِرَسْمِ وَجْهٍ باسِمٍ عِنْدَ الانْتِهاءِ مِنْ قِراءَةِ كُلِّ جُمْلَةٍ:

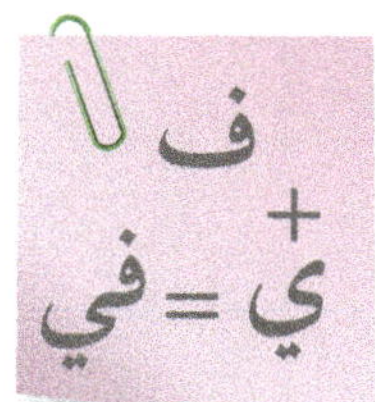

فَرَسُ | فَ   رَ   سُ

رِيفُ | رِ   فُ | فَمي | فَ   مي

سافَرَ | سُ   رِ   فا | سا   فَ   رَ

فارِسٌ

سافَرَ فارِسٌ.

فِراسُ | رُ   فِ   سا   يُ | فِ   را   سُ

يُسافِرُ

فِراسٌ يُسافِرُ.

🌸 أَقْرَأُ الْمَقاطِعَ الآتِيَةَ، ثُمَّ أَقْرَأُ الْكَلِماتِ:

شَايٌ	ي	شا

فَراشٌ	شُ	را	فَـ

رِيشٌ	شُ	رِيـ

شَرابٌ	بُ	را	شَـ

شارِبُ	بُ	رِ	شا

   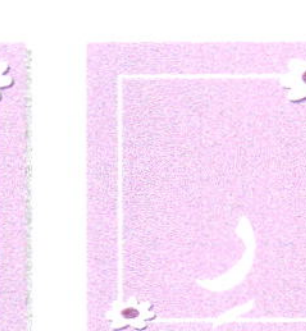 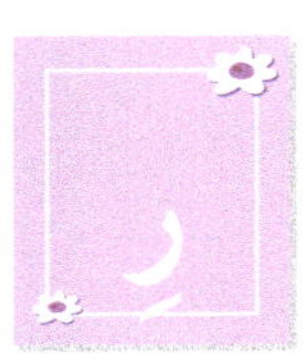 

لِنَقْرَأِ الْكَلِماتِ ثُمَّ الجُمَلَ الآتِيَةَ، ونُكافِئْ أنْفُسَنا بِرَسْمِ وَجْهٍ باسِمٍ عِنْدَ الانْتِهاءِ مِنْ قِراءَةِ كُلّ جُمْلَةٍ

أقْرَأُ الْكَلِماتِ الآتِيَةَ، وَألاحِظُ الفَرْقَ في صَوْتِ حَرْفِ الياءِ.

تَحَدّي القِراءَةِ

لِنَقْرَأ الْكَلِماتِ ثُمَّ الْجُمَلَ الآتِيَةَ، وَنُكافِئْ
أَنْفُسَنا بِرَسْمِ وَجْهٍ باسِمٍ عِنْدَ الانْتِهاءِ مِنْ قِراءَةِ كُلِّ جُمْلَةٍ

    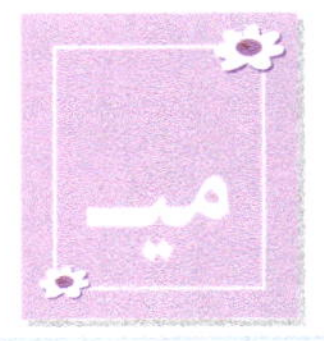       

تَميم – مُ – ميـ – تَـ | فُرْشاةٌ – ةُ – شا – فُر

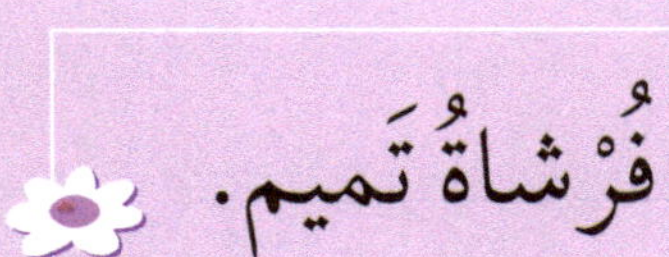

فُرْشاةُ تَميم.

  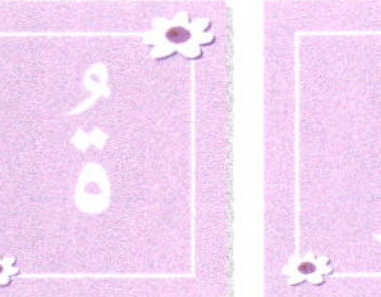   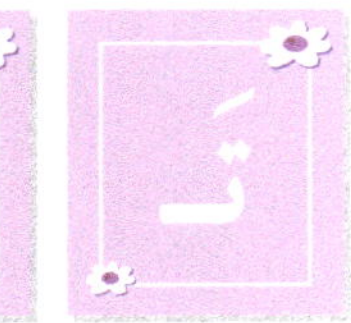

تَبْري – ري – تَبْـ | تَمارَةُ – ةُ – رَ – ما – تَـ

تَمارَةُ تَبْري.

توتٌ – تُ – تو | شَرابٌ – بُ – را – شَـ

شَرابُ توت.

بَسْـ مَـ ـةُ **بسْمَةُ** فَـ تا ةُ **فَتاةُ**

بسْمَةُ فَتاة.

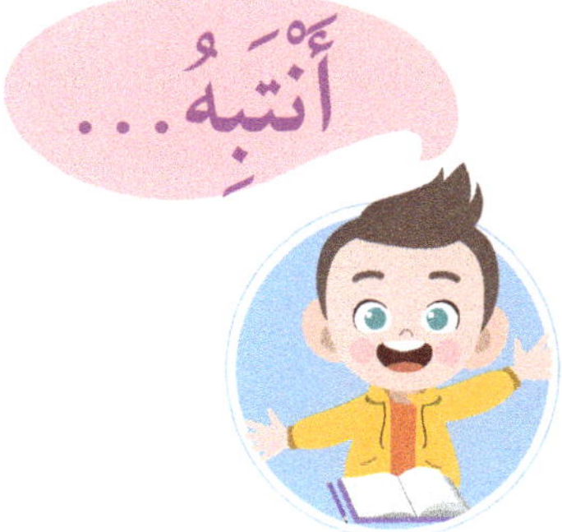

بَيْـ تُ **بَيْتُ** بُـ يو تُ **بُيوتُ**

بَيْت وَبُيوت

فَـ را شَـ ـةُ فَـ را شا تُ

فَراشَةُ **فَراشاتُ** فَراشَة وفَراشات

تَمْـ رُ **تَمْرُ** تُـ مو رُ **تُمورُ**

تَمْرُ و تُمور.

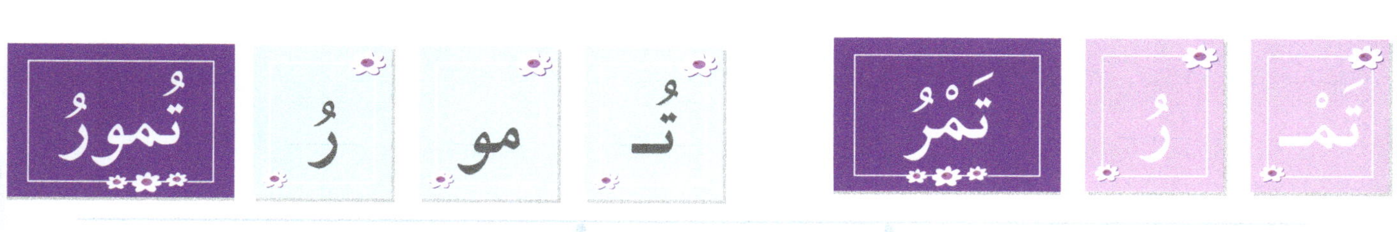

مَشَتْ شْتْ مَـ
تَمْشي تَمْـ شي

تمارُ مَشَتْ. بَسْمَةُ تَمْشي.

ساره رَ ةُ
سارَةُ
تامِرُ تا مِـ رُ
تامِرُ

مَسْرورَةُ مَسْـ رو رَ ةُ
مَسْرورَةُ
مَسْرورُ مَسْـ رو رُ
مَسْرورُ

سارَةُ مَسْرورَة. تامِرُ مَسْرور.

تَشْرَبُ تَشْـ رَ بُ
تَشْرَبُ
شَرِبَتْ شَـ رِ بَتْ
شَرِبَتْ

تَمارَةُ تَشْرَبُ. شَرِبَتْ تَمارَةُ.

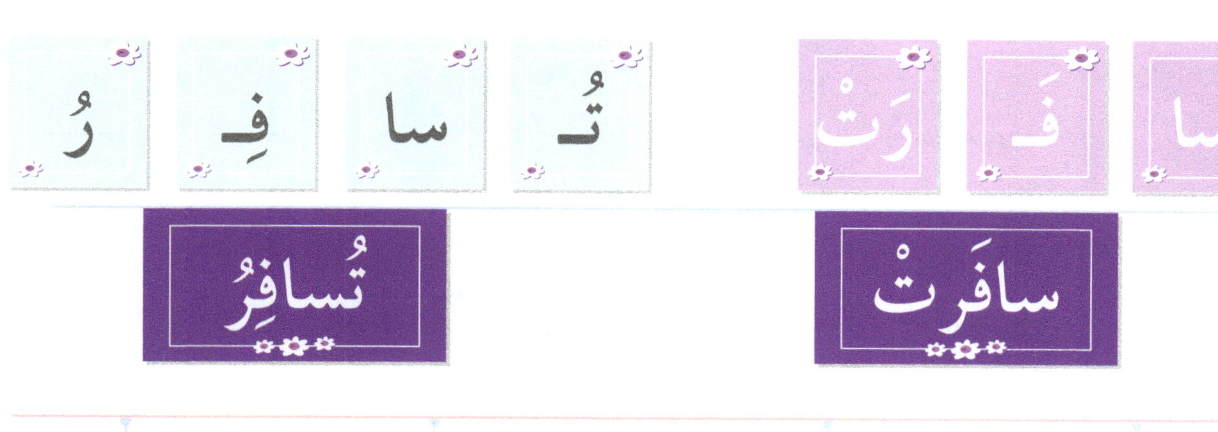

سا فَـ رَتْ

سافَرَتْ

تُـ سا فِـ رُ

تُسافِرُ

سافَرَتْ رَبابُ.

رَبابُ تُسافِرُ.

رَ سَمْـ تُ

رَسَمْتُ

رَ سَـ مَتْ

رَسَمَتْ

تَرْ سُ مُ

تَرْسُمُ

رَسَمَتْ سارَةُ.

رَسَمْتُ فَراشَةً.

سارَةُ تَرْسُمُ.

أَقْرَأُ الْكَلِماتِ الآتِيَةَ، وَأُلاحِظُ الفَرْقَ في صَوْتِ **حَرْفِ الياءِ** .

بَيْـ ثُ

بَيْتُ

تَبْـ ري

تَبْري

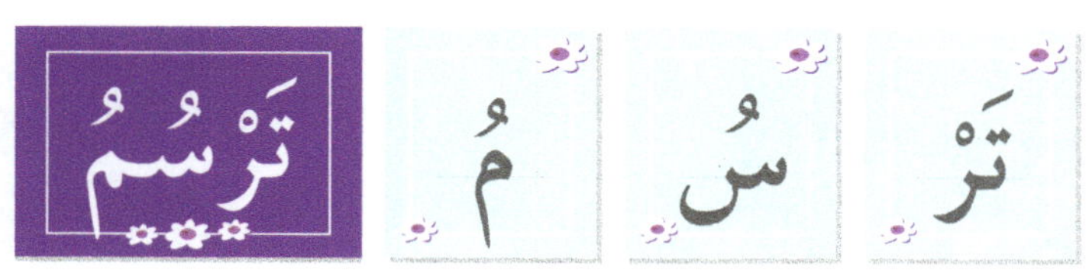

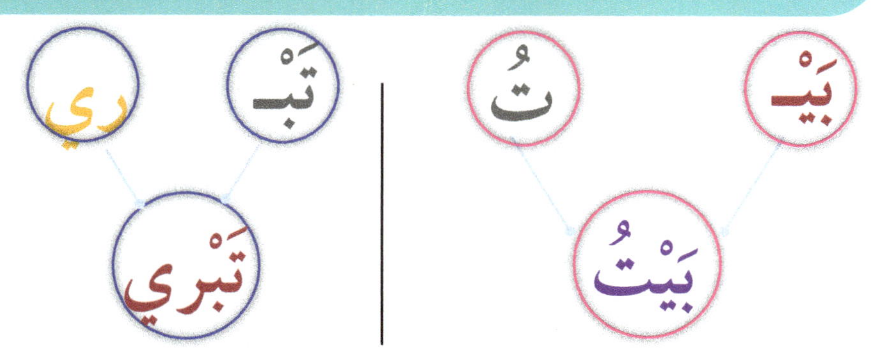

نيسان | نُ | سا | نِيـ | يَوْمُ | مُ | يَوْ

يَوْمٌ في نيسان.

سِنينُ | نُ | نيـ | سِـ | نورُ | رُ | نو

سِنينُ نور.

نُ | تا | بُسْـ | تُ | با | نَـ | نـي | مُـ

بُستانٌ | نَباتٌ | مُنى

نَبات في بُسْتان مُنى.

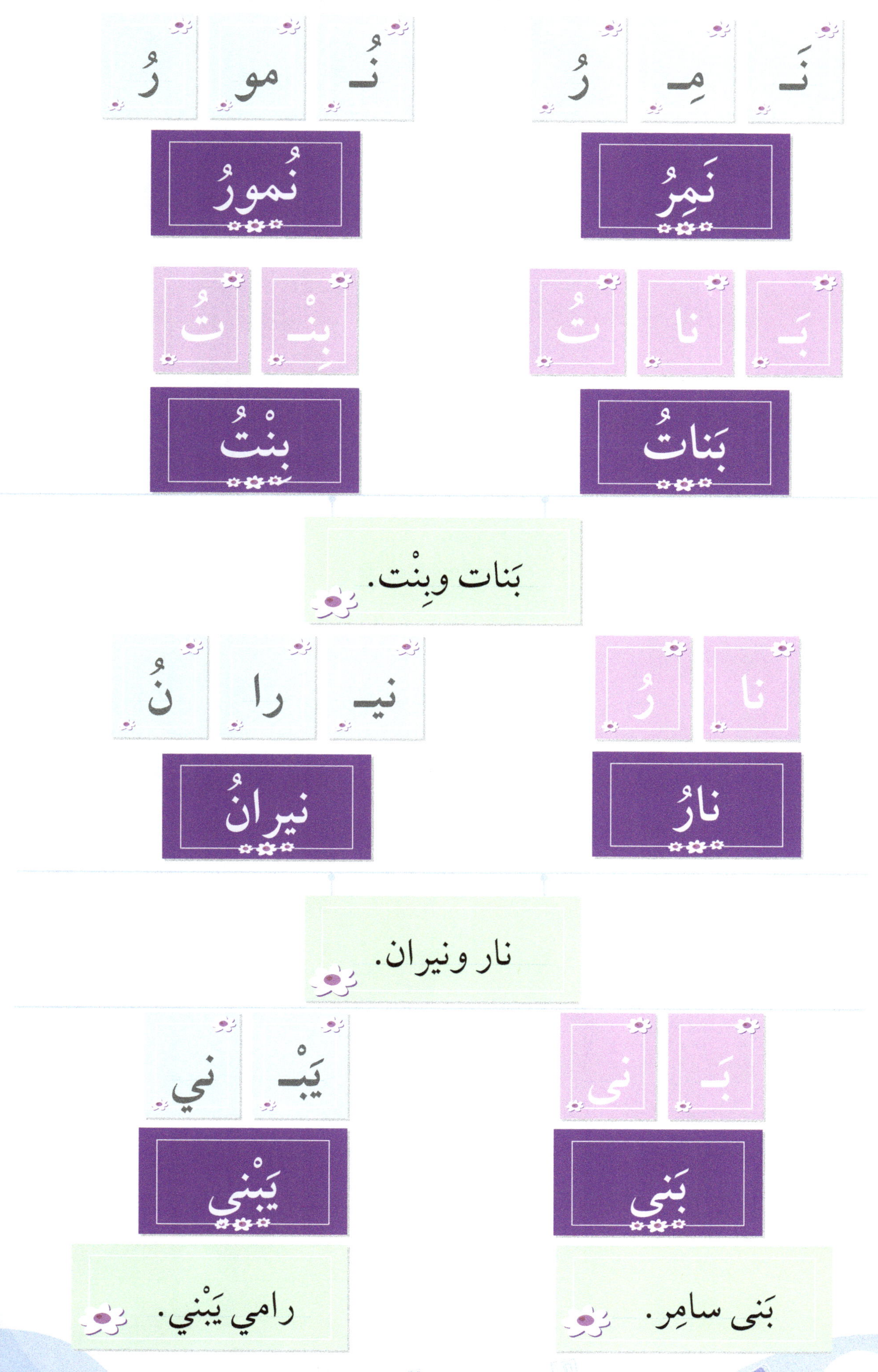

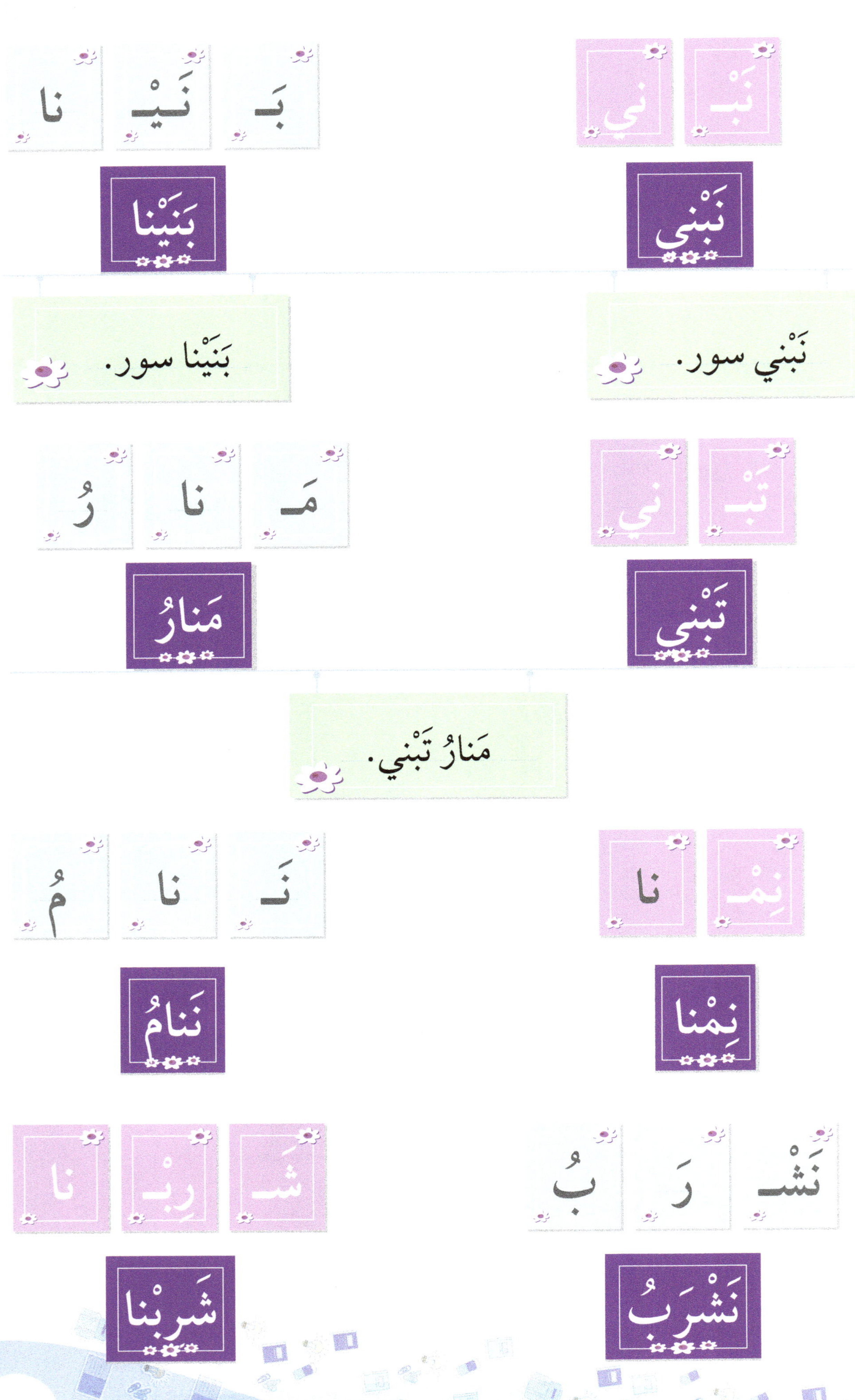

نا نَيْ بَ
بَنَيْنا
نَبْني
نَبْني سور.
بَنَيْنا سور.
رُ نا مَ
مَنارُ
ني تَبْ
تَبْني
مَنارُ تَبْني.
مُ نا نَ
نَنامُ
نا نِمْ
نِمْنا
نا رِبْ شَ
شَرِبْنا
بُ رَ نَشْ
نَشْرَبُ

نَمْشي ← نَـ + شي

مَشينا ← مَـ + شيـ + نا

نَرْسُم ← نَـ + سـ + مُ

رَسَمْنا ← رَ + سمـ + نا

نُسافِرُ ← نـ + سا + فِ + رُ

سافَرْنا ← سا + فَرْ + نا

وو
تَنوينُ الضَّمِّ
أنا تَنوينُ الضَّمِّ (ٌ) أُشْبِهُ الضَّمَّةَ (ـُ)
وَلكِنْ،
أنا ضَمَّةٌ مُكَرَّرَةٌ، صَوْتي يُشْبِهُ صَوْتَ النّونِ (ن)
اسْمَعوا صَوْتي عِنْدَما أجْتَمِعُ بِالْحُروفِ:

بٌ   سٌ   مٌ   شٌ
رٌ   فٌ   تٌ   نٌ

✿ أَقْرَأُ الكَلِماتِ الآتِيَةَ، ثُمَّ أُمَيِّزُ صَوْتَ حَرْفِ النّونِ (ن)، وَصَوْتَ تَنْوينِ الضَّمِّ (ٌ).

✿ وَأَنْتَبِهُ لِشَكْلِ (مَكانِ) لِساني عِنْدَما أنْطِقُ حَرْفَ (ن)، وَعِنْدَما أنْطِقُ تَنْوينَ الضَّمِّ.

وَسَنْ   ميسونْ   سمينْ   بُستانْ
وَسَنٌ   ميسونٌ   سمينٌ   بُستانٌ

باسِمٌ   باب   بَيْتٌ
بيرٌ   سوسٌ   سامرٌ

تَحَدِّي الْقِراءَةِ

لِنَقْرَأِ الْكَلِماتِ ثُمَّ الْجُمَلَ الآتِيَةَ، ونُكافِئْ أنْفُسَنا بِرَسْمِ وَجْهٍ باسِمٍ عِنْدَ الانْتِهاءِ مِنْ قِراءَةِ كُلِّ جُمْلَةٍ:

شا دي	نا دي	فا دي
شادي	نادي	فادي

دَوْري

دَوْرُ

ديمَةَ

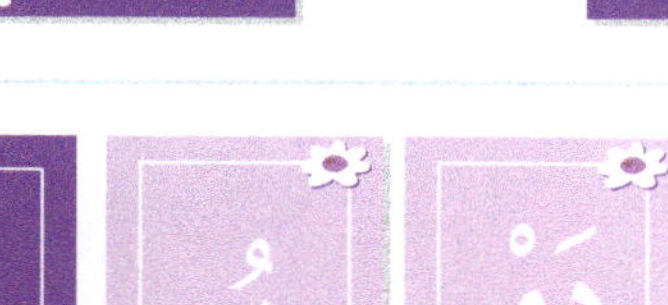

دَوْري وَدَوْرُ ديمَةَ

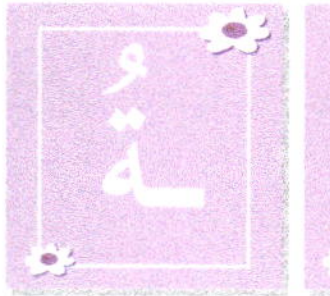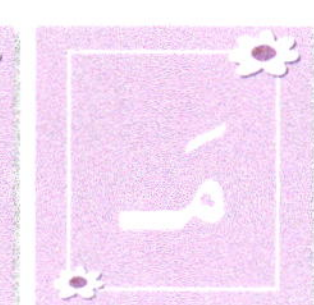

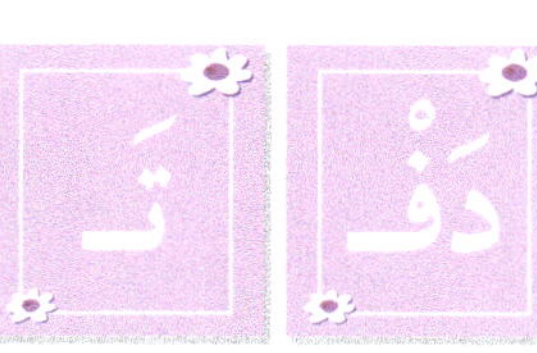

دَفْتَرُ

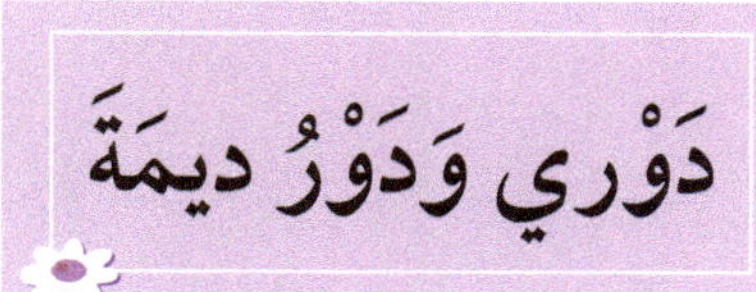

دَفاتِرُ

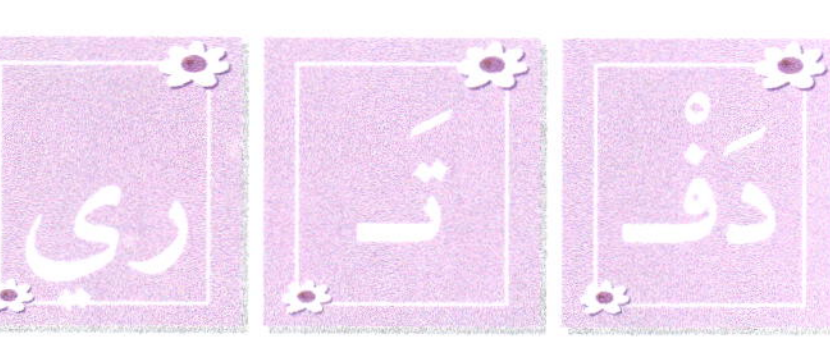

دَفْتَري

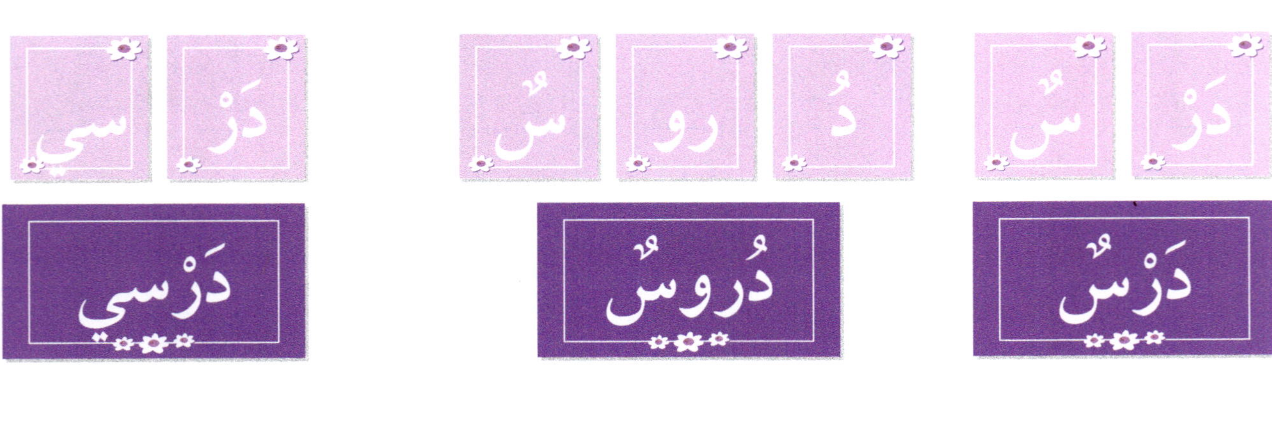

🌸 أَقْرَأُ الْكَلِماتِ الآتِيَةَ، وَأُلاحِظُ الْفَرْقَ في صَوْتِ حَرْفِ الياءِ.

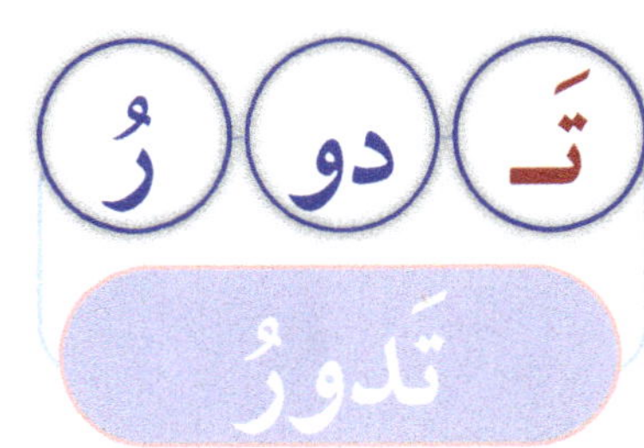

🌸 أَقْرَأُ الْكَلِماتِ الآتِيَةَ، وَأُلاحِظُ الْفَرْقَ في صَوْتِ حَرْفِ الواوِ.

فَدْوى تَدورُ.

🌸 أَقْرَأُ الْكَلِماتِ الآتِيَةَ، وَأُلاحِظُ الْفَرْقَ في مَعْنى هاتَيْنِ الْكَلِمَتَيْنِ بِسَبَبِ التَّشْكيلِ.

تَحَدّي الْقِراءَةِ

لِنَقْرَأ الْكَلِماتِ ثُمَّ الْجُمَلَ الآتِيَةَ، ونُكافِئْ
أنْفُسَنا بِرَسْمِ وَجْهٍ باسِمٍ عِنْدَ الانْتِهاءِ مِنْ قِراءَةِ كُلِّ جُمْلَةٍ:

حا تِ مُّ
حا مِ دُ

حاتِمٌ

حامِد

رُ حو سَـ
حَـ نا نُ

سَحورُ

حَنانُ

بُ سا حِـ رُ جْبـ فَ رَ حْ

حِسابُ

حِبْرُ

فَرَحْ

حُوتٌ
بَحْرٌ
مِفْتاحٌ
حَمامَةٌ
تِمْساحٌ
حِيتانٌ
بِحارٌ
مَفاتيحُ
حَمامٌ
تَماسيحُ

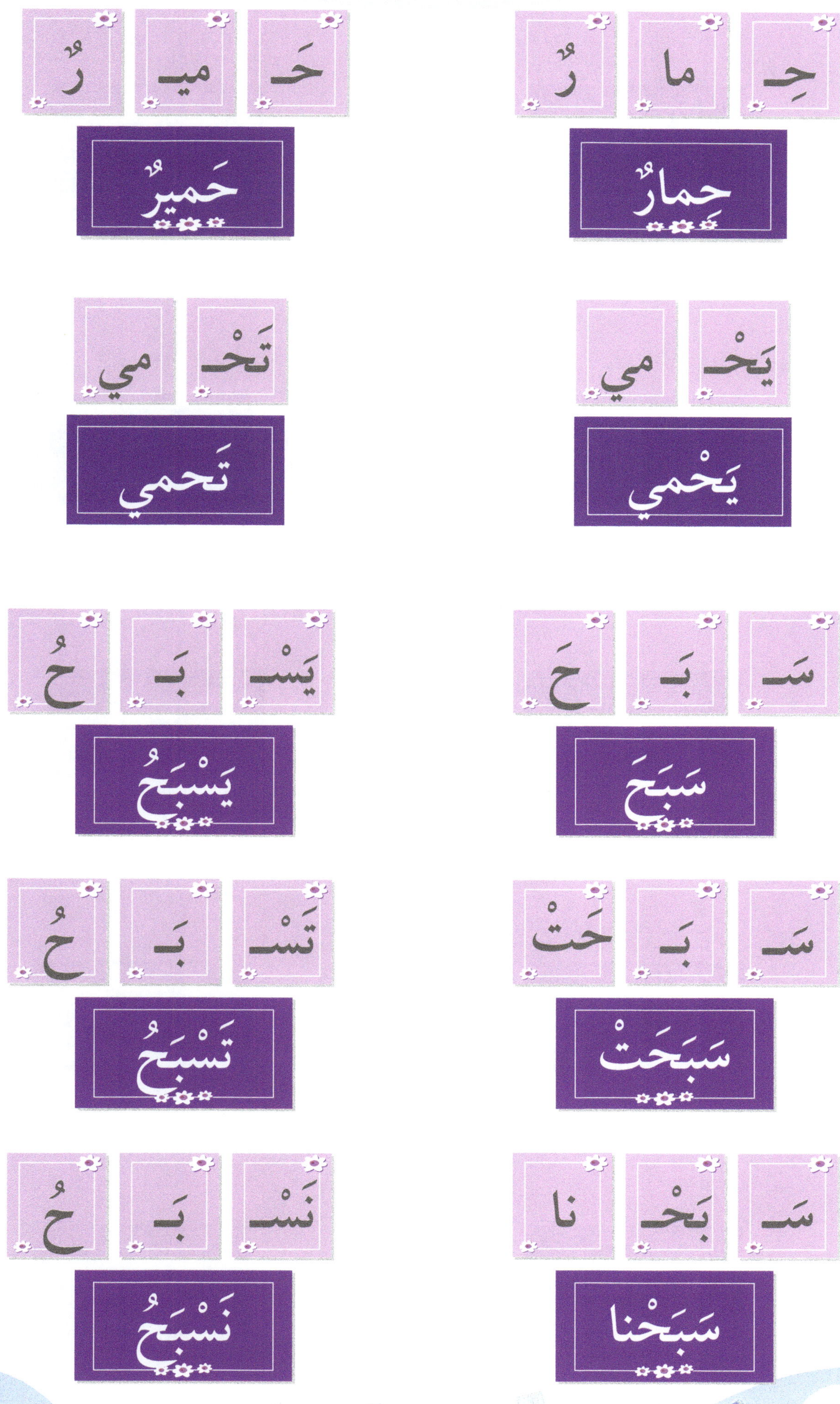
رُ ما حِ ← حِمارٌ
رُ مي حَ ← حَميرٌ
يَحْ مي ← يَحْمي
تَحْ مي ← تَحْمي
حَ بَ سَ ← سَبَحَ
حُ بَ يَسْ ← يَسْبَحُ
حَتْ بَ سَ ← سَبَحَتْ
حُ بَ تَسْ ← تَسْبَحُ
نا بَحْ سَ ← سَبَحْنا
حُ بَ نَسْ ← نَسْبَحُ

حَ سَ نْ
رَ حي مٌ
رَحيمٌ
حَسَنٌ
حَسَنٌ رَحيمٌ.

حُ سا مٌ
سا حِ رُ
ساحِرٌ
حُسامٌ
حُسامٌ ساحِرٌ.

أَقْرَأُ الْكَلِماتِ الآتِيَةَ وَأُلاحِظُ الْفَرْقَ في صَوْتِ حَرْفِ الياءِ .

حَ يَ وا نا تٌ
حَيَواناتٌ
سَ مي حٌ
سَميحٌ
حَيَواناتُ سَميح.

🌸 أَقْرَأُ الْكَلِماتِ الآتِيَةَ، وَأُلاحِظُ الْفَرْقَ في مَعْنى هاتَيْنِ الْكَلِمَتَيْنِ بِسَبَبِ التَّشْكيلِ.

🌸 أَقْرَأُ الْكَلِماتِ الآتِيَةَ وَأُلاحِظُ الْفَرْقَ في صَوْتِ حَرْفِ الواوِ.

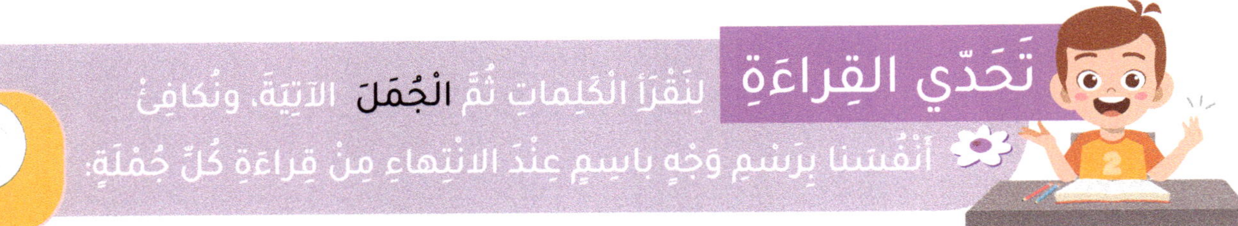

ـةٌ حَ	لَوْ	لَوْ حٌ

لَوْحَةٌ

لَوْحٌ

زٌ لَوْ	لَوْ لا

لَوْزٌ

لَوْلا

لُ	لا	بِ	وَ

با	سِـ	لٌ

ب	عَـ	مَلْ	الـ	في	دٌ	لي	وَ

باسِلٌ وَبِلالٌ وَوَليدٌ في الْمَلْعَبِ.

وَلِيدٌ وَباسِلٌ وَبِلالٌ يَلْعَبونَ وَيَشْعُرونَ بِالْفَرَحِ.

راحَ باسِلٌ وَبِلالٌ إلى بَيْتِ رامي.

نامَ باسِلٌ وَبِلالٌ وَوَليدٌ في الْفِراشِ.

أَقْرَأُ الْكَلِماتِ الآتِيَةَ، وَأَفْهَمُ الْمَعْنى:

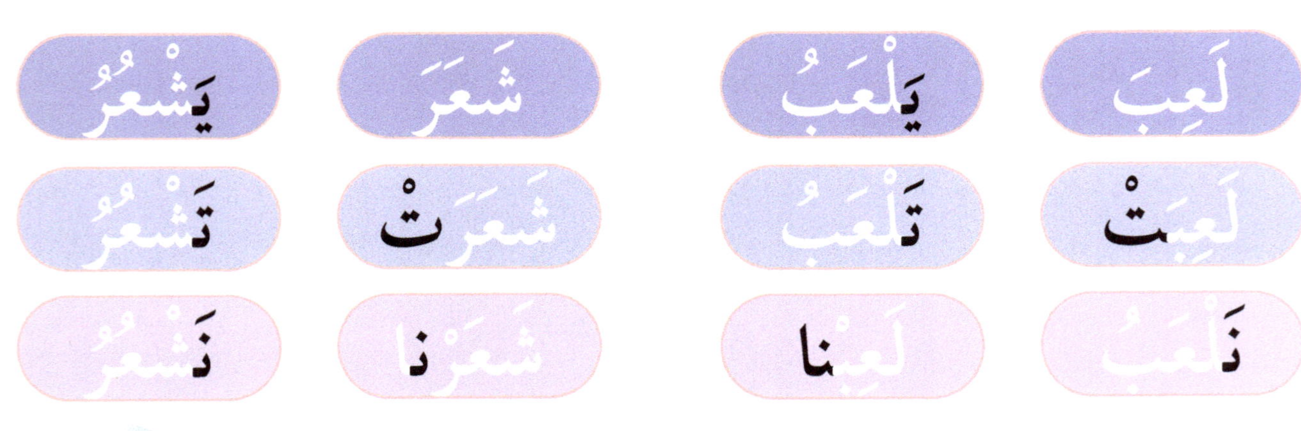

تَحَدّي الْقِراءَةِ

لِنَقْرَأ الْكَلِماتِ ثُمَّ الْجُمَلَ الآتِيَةَ، ونُكافِئْ أَنْفُسَنا بِرَسْمِ وَجْهٍ باسِمٍ عِنْدَ الانْتِهاءِ مِنْ قِراءَةِ كُلِّ جُمْلَةٍ:

في   بُسْـ   تا   نِ   عَبْـ   لَـ   ـةَ

عِـ   ـنَـ   ـبْ   حُلْـ   وٌ

في بُسْتانِ عَبْلَةَ عِنَبْ حُلْوٌ.

عُـ   رَيْـ   بْ   عَـ   رو   سٌ

عُرَيْبٌ عَروسٌ.

عا   دِ   لٌ   عَـ   ريـ   سٌ

عادِلٌ عَريسٌ.

شارِعُ مَدْرَسَتِنا واسِعٌ.

عادَ عِمادٌ مَعَ سَلْمى إِلى عُمانَ.

عِمادٌ مُسْرِعٌ.

عيدٌ سَعيدٌ.

عُمَرُ نَعسانُ.

عَمارةُ عيسى.

عُشْبٌ وَرَبيعٌ.

نْ | سا | نَعْ
عي | سى
وَ | رَ | بيـ | عُ

عُ | مَ | رُ
عَ | ما | رَ | ةُ
عُشْ | ب

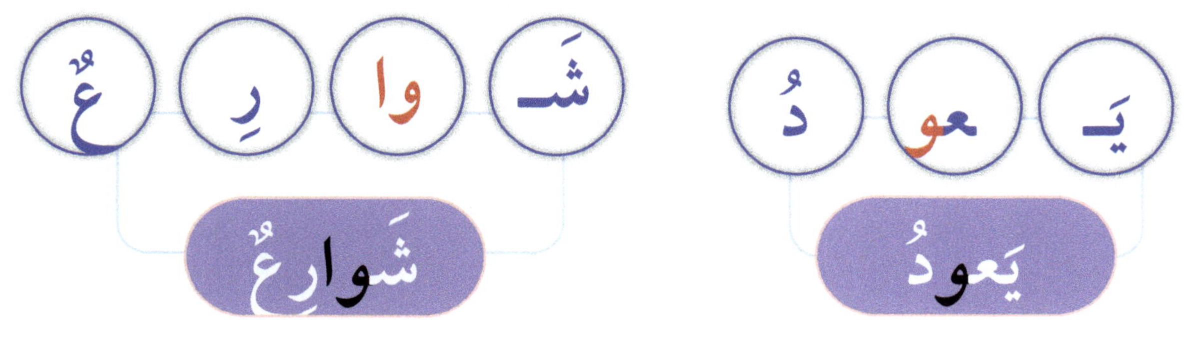

وا | سِ | عُ
واسِعٌ

وا | سِ | عَ | ـةُ
واسِعَةٌ

مُسْ | رو | رُ
مُسرورٌ

مُسْ | رو | رَ | ةُ
مُسرورَةٌ

يَـ | عو | دُ
يَعودُ

شَـ | وا | رِ | عُ
شَوارِعُ

تَحَدّي القِراءَةِ

أَقْرَأُ الكَلِماتِ الآتِيَةَ، وأَفْهَمُ المَعْنى :

زَرَعَ

يَزْرَعُ

زَرَعَت

تَزْرَعُ

زَرَعْنا

نَزْرَعُ

مَزْرَعَة

مَزارِعُ

دَعانا رامي لِزِيارَةِ الْمَزْرَعَة.

نَحْنُ نَزْرَعُ في بُستانِ رامي.

في مَزْرَعَةِ رامي، زَرَعَ زَيْنٌ شَتْلَةَ زَيْتون.

زَرَعَ شادي شَتْلَةَ فُلْفُل .

زَرَعَ فادي شَتْلَةَ زَعْتَر .

زَرَعَتْ راما شَتْلَةَ عَدَس .

في مَزْرَعَةِ رامي زَيْتونٌ، وَزَعْتَرٌ وَ فُلْفُلٌ وَ عَدَسٌ.

فَرِحْنا بِزِيارَةِ مَزْرَعَةِ رامي.

منهاجنا للمستوى الأول

GET IT ON Google Play

Download on the App Store

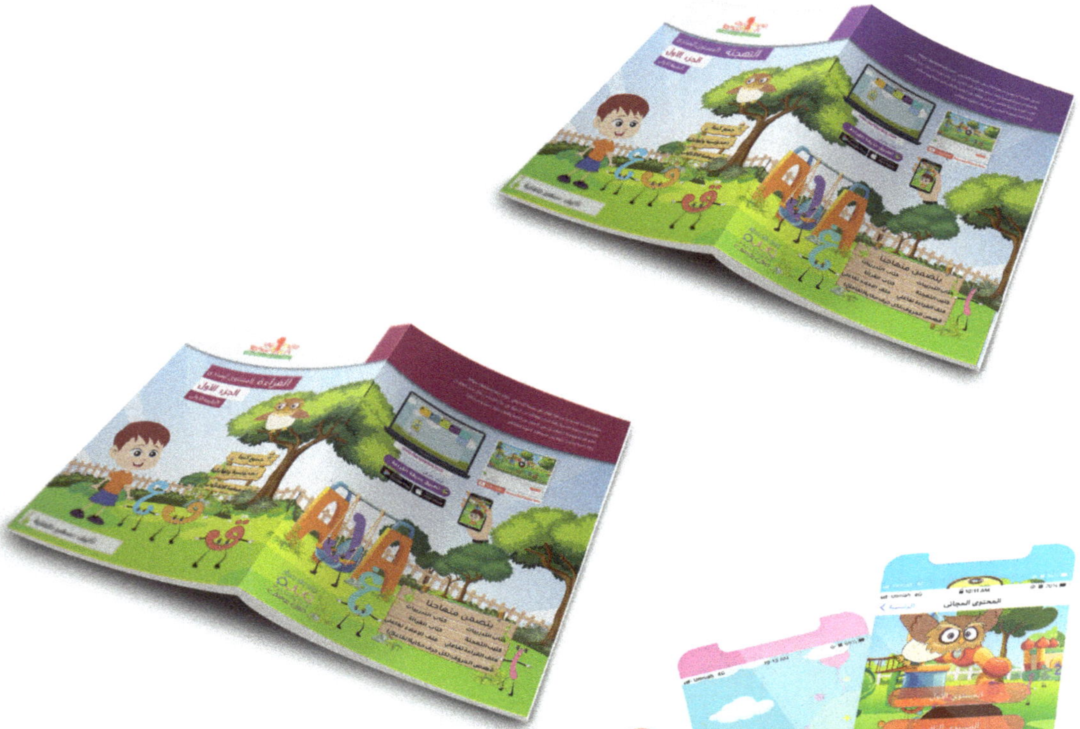

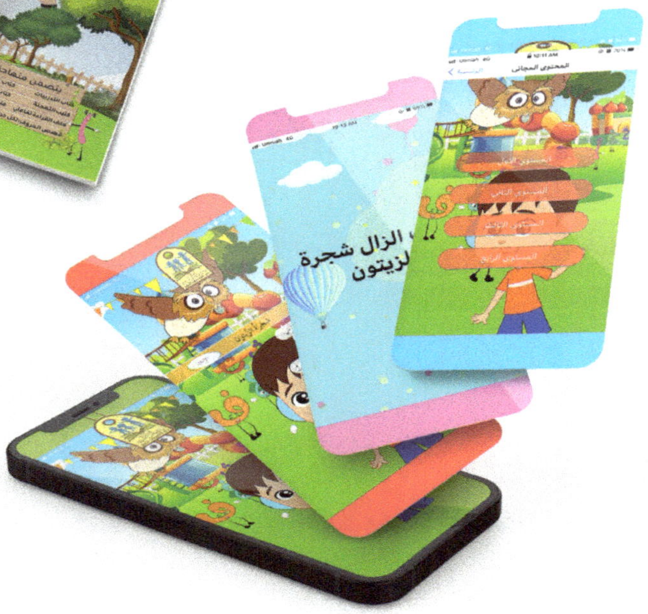

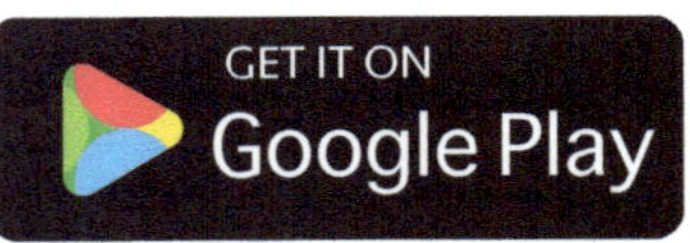

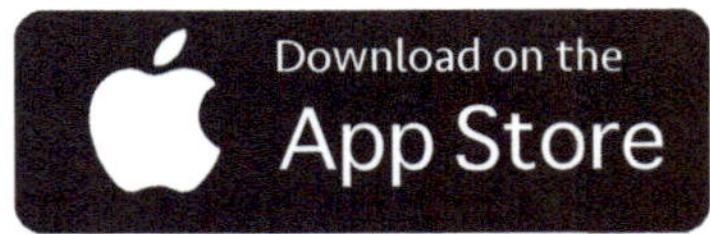

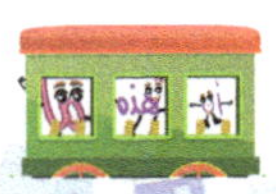

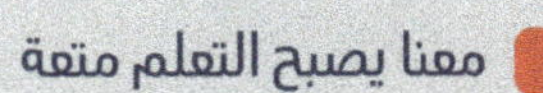

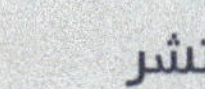

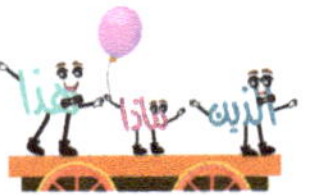

www.ingramcontent.com/pod-product-compliance
Lightning Source LLC
Chambersburg PA
CBHW041351050726
47599CB00016B/1857